Impressum
Verlag: BABADADA GmbH, Nedderfeld 112 , 22529 Hamburg
Geschäftsführer / Verlagsleitung: Harald Hof
Druck: Books on Demand GmbH, In de Tarpen 42, 22848 Norderstedt

Imprint
Publisher: BABADADA GmbH, Nedderfeld 112 , 22529 Hamburg, Germany
Managing Director / Publishing direction: Harald Hof
Print: Books on Demand GmbH, In de Tarpen 42, 22848 Norderstedt

学校

isikole

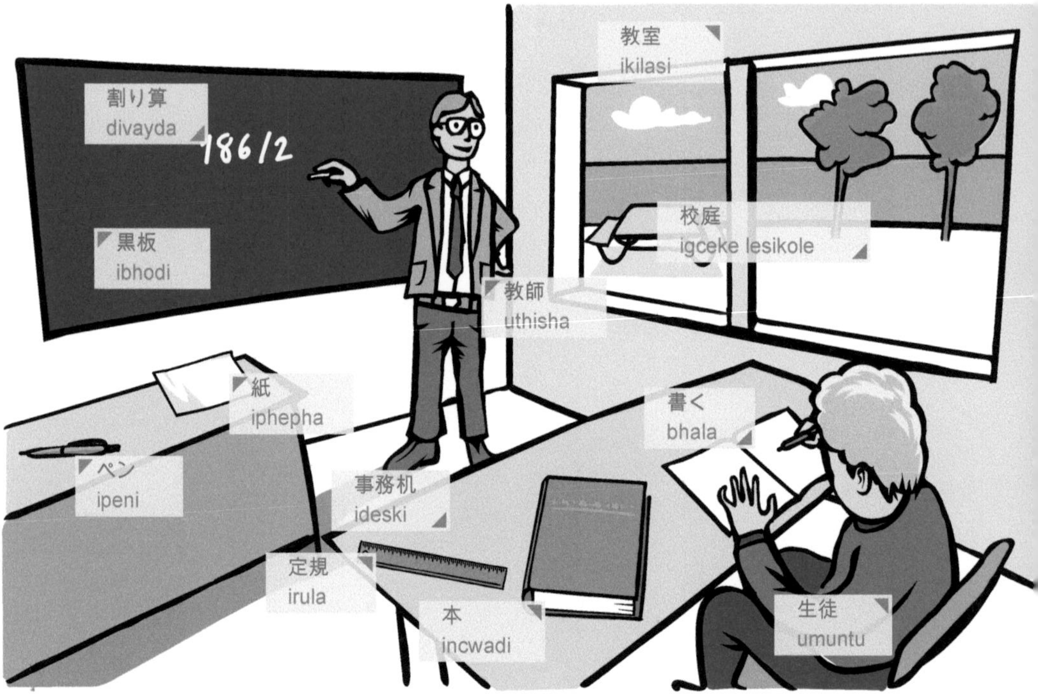
教室
ikilasi
割り算
divayda
186/2
黒板
ibhodi
校庭
igceke lesikole
教師
uthisha
紙
iphepha
書く
bhala
ペン
ipeni
事務机
ideski
定規
irula
本
incwadi
生徒
umuntu

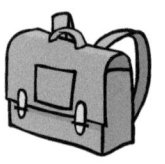

ランドセル

isikhwama

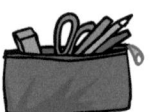

筆入れ

isikwama sepeni

鉛筆

ipensela

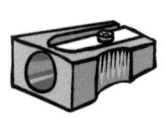

鉛筆削り

umshini wokulola

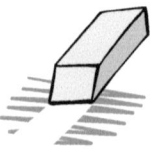

消しゴム

irabha

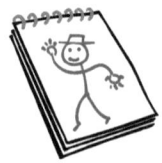

スケッチブック

indawo yokudweba

スケッチ
ukudweba

絵筆
ibrashi lokupenda

絵の具箱
ibhokisi lokupenda

はさみ
isikelo

接着剤
inomfi

練習帳
incwadi yesikole

宿題
umsebenzi wasekhaya

12

数
inamba

2+2

足し算
hlanganisa

5-2

引き算
susa

2×2

かけ算
phindaphinda

計算する
bala

A

文字
incwadi

ABCDEFG
HIJKLMN
OPQRSTU
VWXYZ

アルファベット
izinhlamvu zamagama

hello

単語
igama

テキスト

umbhalo

読む

funda

チョーク

ushoki

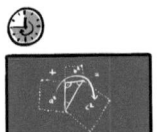

授業

isifundo

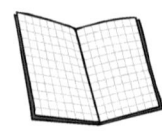

学級日誌

bhalisa

試験

isivivinyo

通知表

isitifiketi

制服

iyunifomu yesikole

教育

imfundo

百科事典

i-encyclopedia

大学

inyuvesi

顕微鏡

isibonakhulu

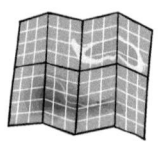

地図

ibalazwe

ごみ箱

ibhaskidi yokulahla
amaphepha

旅行

ukuhamba

ホテル
ihhotela
Grand
ホステル
ihositela
ROOMS
両替所
i-bureau de change
CHANGE
スーツケース
i-suitcase
自動車
imoto

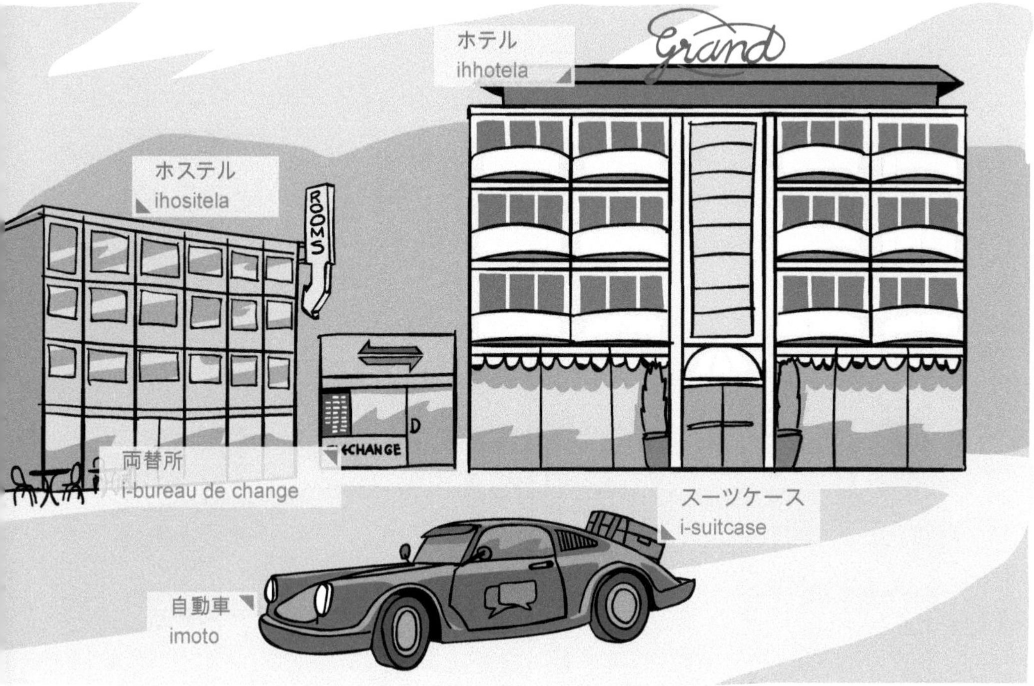

言語

ulimi

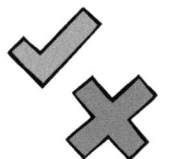

はい / いいえ

yebo / cha

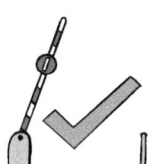

問題ない

kulungile

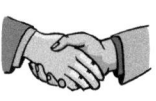

ハロー

sawubona

翻訳者

umhumushi

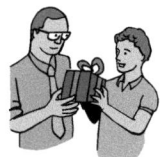

ありがとう

Ngiyabonga

…はいくらですか？

iyimalini i…?

わかりません

angiqondi

問題

inkinga

こんばんは！

Intambama enhle!

おはようございます！

Sawubona!

おやすみなさい！

Ulale kahle!

さようなら

bye bye

方向

isiqondiso

手荷物

izikhwama

バッグ

isikhwama

リュックサック

ubhakha

お客様

isivakashi

部屋

igumbi

寝袋

isikhwama sokulala

テント

ithende

旅行者情報

imininingwane yamathoristi

ビーチ

ulwandle

クレジットカード

ikhadi lesikweletu

朝食

ukudla kwasekuseni

昼食

ukudla kwasemini

夕食

ukudla kwasebusuku

チケット

ithikithi

エレベーター

i-lift

スタンプ

isitembu

境界

ibhoda

税関

amasiko

大使館

inxusa

ビザ

ivisa

パスポート

iphasiphothi

輸送
izinto zokuhamba

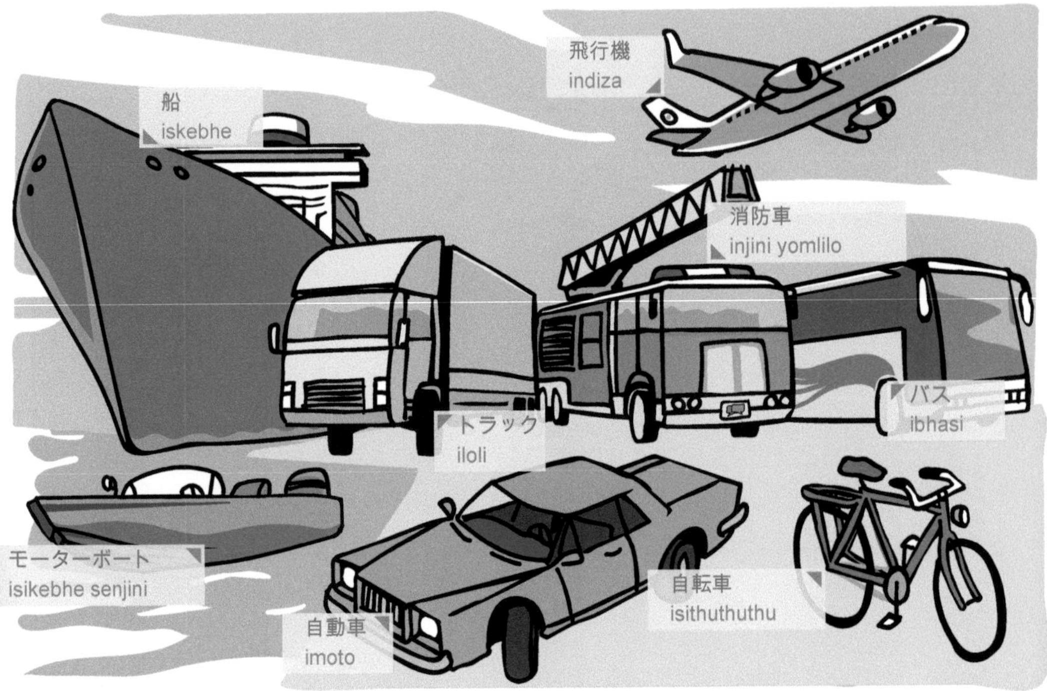
飛行機
indiza
船
iskebhe
消防車
injini yomlilo
トラック
iloli
バス
ibhasi
モーターボート
isikebhe senjini
自転車
isithuthuthu
自動車
imoto

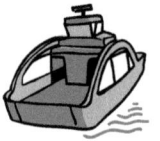

フェリー
isikebhe

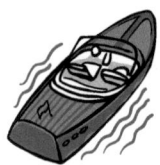

ボート
isikebhe

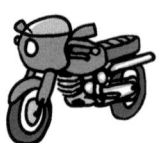

バイク
isithuthuthu

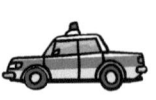

パトカー
imoto yamaphoyisa

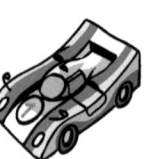

レーシングカー
imoto ejahayo

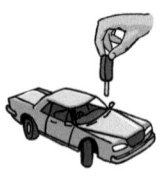

レンタカー
imoto eqashiwe

カーシェアリング

ukurenta imoto

レッカー車

iloli eliphukile

ごみ収集車

ithrakhi

モーター

injini

燃料

amafutha

ガソリンスタンド

indawo yokuthela uphethiloli

交通標識

uphawu lwethrafikhi

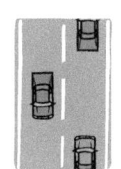

交通

ithrafikhi

渋滞

ithrafikhi enkulu

駐車場

indawo yokupaka izimoto

駅

isitashi sesitimela

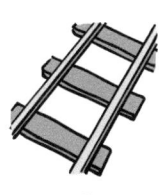

道

amaloli

列車

isitimela

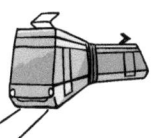

路面電車

ithilamu

車両

inqola

ヘリコプター

ihelikhoptha

空港

isikhungo sezindiza

タワー

umphongolo

乗客

iphasenja

コンテナ

ikhonteyna

段ボール箱

ikhathoni

カート

inqola

カゴ

ubhasikidi

離陸 / 着陸

ukusuka / ukwehla

都市

idolobha

村

isigodi

都心

i-city centre

家

indlu

映画館
isinema

宣伝
isikhangiso

街灯
ilambu lasemgwaqeni

CINEMA

通り
umgwaqo

タクシー
itekisi

キオスク
isitolo esidayia izinto ezimnandi

歩行者
umuntu ohamba nge

舗道
iphavmenti

横断歩道
indawo yokuwela umgwaqo

ゴミ箱
umgqomo kadoti

交差点
indawo yokuwela umgwaqo

信号
amarobhothi

小屋

indlu yodaka

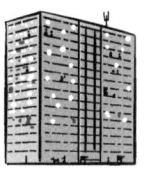

アパート

i-flat

駅

isitashi sesitimela

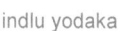

市役所

i-town hall

美術館

imuzilemu

学校

isikole

大学

inyuvesi

銀行

ibhange

病院

isibhedlela

ホテル

ihhotela

薬局

ikhemisi

オフィス

i-ofisi

書店

isitolo sezincwadi

ショップ

esitolo

花屋

istolo sezimbali

スーパーマーケット

emakethe enkulu

市場

imakethe

デパート

isitolo somnyango

魚屋

i-fishmonger's

ショッピングセンター

isikhungo sezitolo

港

isikhungo semikhumbi

公園
ipaki

ベンチ
ibhentshi

橋
ibhuloho

階段
izitezi

地下鉄
ngaphansi komhlaba

トンネル
umhubhe

バス停
istobhu sebhasi

バー
i-bar

レストラン
isitolo sokudlela

ポスト
eposini

道路標識
uphawu lwasemgwaqeni

パーキングメーター
umshini wokukhokhela
ukupaka

動物園
esiqiwini

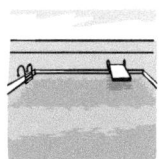

スイミングプール
indawo yokubhukuda

モスク
i-mosque

農場

ifamu

汚染

ukungcola

墓地

amagcwaba

教会

isonto

遊び場

igrawundi lokudlala

寺

ithempeli

風景

ingadi

葉
icembe

道標
mpambano mgwaqo

道
indlela

草地
idlelo

石
itshe

木
isihlahla

ハイカー
umqwali wezintaba

川
umfula

草
utshani

花
imbali

谷

isigodi

山

intaba

湖

ichibi

森

ihlathi

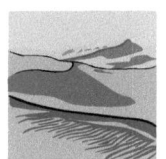

砂漠

ogwadule

火山

intaba mlilo

城

isigodlo

虹

uthingo

キノコ

ikhowe

ヤシの木

isihlahla sesundu

蚊

umiyane

ハエ

ukundiza

蟻

intuthwane

ミツバチ

inyosi

クモ

isicabucabu

カブトムシ

ibhungane

蛙

ixoxo

リス

i-squirrel

ハリネズミ

i-hedgehog

ウサギ

unogwaja

フクロウ

isikhova

鳥

izinyoni

白鳥

idada

雄豚

intibane

鹿

inyamazane

ヘラジカ

i-moose

ダム

idamu

風力タービン

i-wind turbine

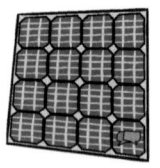

ソーラーパネル

i-solar panel

気候

isimo sezulu

レストラン

isitolo sokudlela

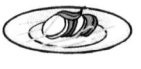

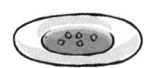

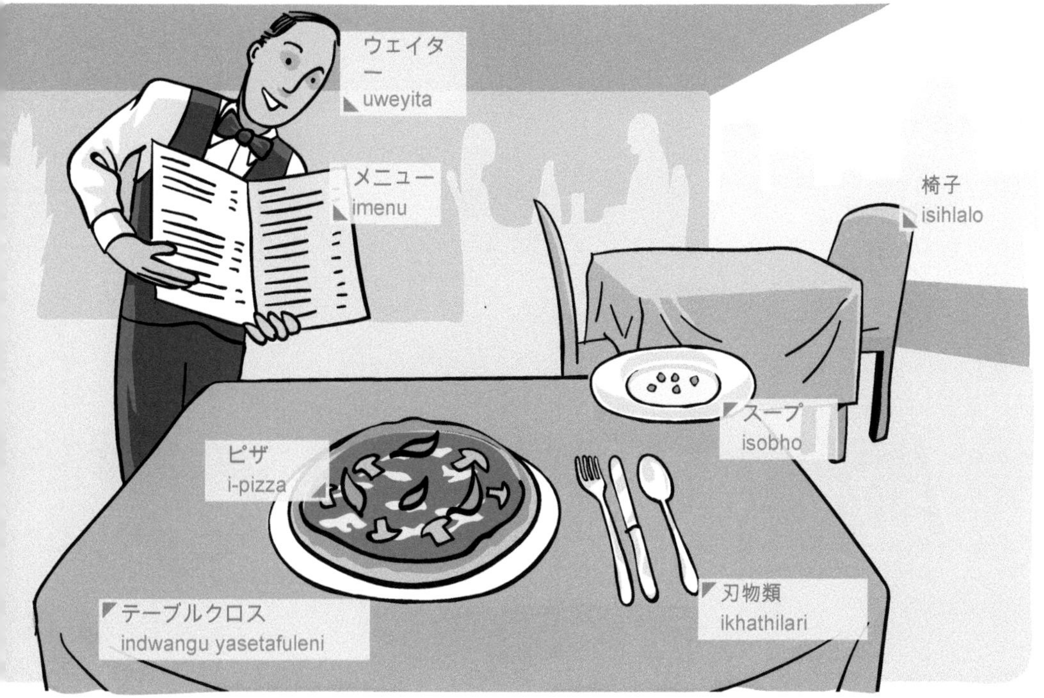

ウェイター
uweyita
メニュー
imenu
椅子
isihlalo
スープ
isobho
ピザ
i-pizza
刃物類
ikhathilari
テーブルクロス
indwangu yasetafuleni

前菜

ukudla okulula

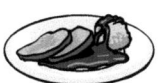

メインコース

isidlo

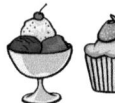

デザート

idizethi

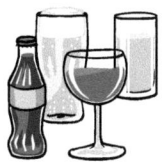

飲み物

iziphuzo

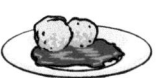

食べ物

ukudla

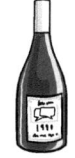

ボトル

ibhodlela

ファストフード

ukudla okulula

屋台の食べ物

ukudla okudayiswa
emgwaqeni

ティーポット

ithiphothi

砂糖入れ

isitsha sikashukela

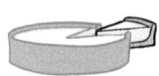

一人前

ingxenye

エスプレッソマシン

umshini we-ekspreso

幼児用食事椅子

isitulo esiphezulu

請求書

izindleko

トレー

ithreyi

ナイフ

ummese

フォーク

imfologo

スプーン

ispuni

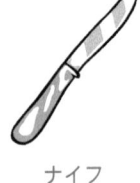

ティースプーン

ithispuni

ナプキン

indawo yokusula umlomo

グラス

igilasi

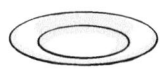

皿
ipuleti

スープ皿
ipuleti lesobho

受け皿
isoso

ソース
isosi

塩入れ
isitsha sasawoti

ペッパーミル
isitsha sephepha

酢
uviniga

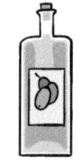

油
amafutha

スパイス
izinongo

ケチャップ
isosi yetamatisi

マスタード
isosi yesinaphi

マヨネーズ
imayonesi

スーパーマーケット

emakethe enkulu

特価品
amanani akhethekile
FOR
顧客
ikhasimende
乳製品
ukudla okwenziwe ngobisi
果物
isithelo
ショッピング
・カート
ithroli

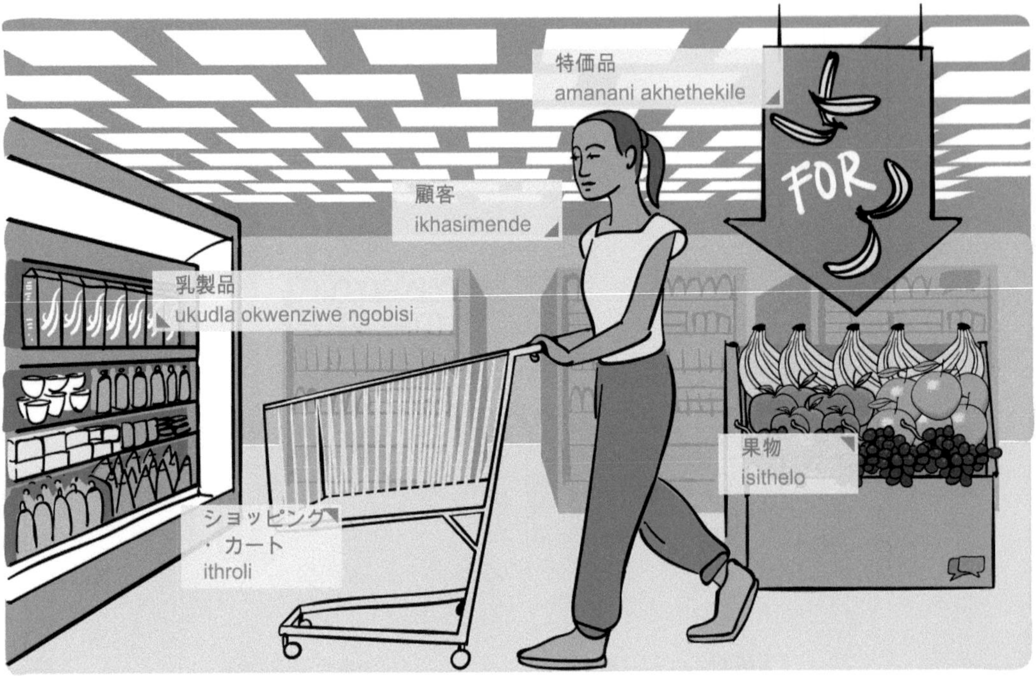

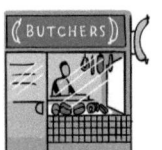

BUTCHERS
肉屋
ebhusha

BAKERY
パン屋
isitolo esidayisa isinkwa

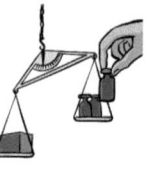

重さをはかる
kala

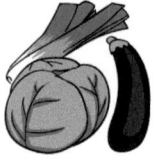

野菜
amaveji

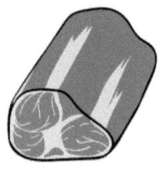

肉
inyama

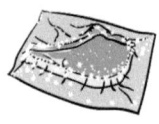

冷凍食品
ukudla okubandayo

冷肉の薄切り

inyama ebandayo

缶詰食品

ukudla okusethinini

洗剤

insipho yokuwasha enguphawuda

菓子

oswidi

家庭用品

izinto zasendlini

清掃用品

izinto zokuhlanza

販売員

umuntu odayisayo

現金箱

ithili

レジ係

umbali wemali

買い物リスト

izinto okumelwe zithengwe

開館時刻

amahora okuvula

財布

uwolethi

クレジットカード

ikhadi lesikweletu

バッグ

isikhwama

ポリ袋

isikwama sepulastiki

水

amanzi

ジュース

ijusi

牛乳

ubisi

コーラ

i-coke

ワイン

iwayini

ビール

ubhiya

アルコール

utshwala

ココア

i-cocoa

紅茶

itiye

コーヒー

ikhofi

エスプレッソ

i-ekspreso

カプチーノ

ikhaphachino

バナナ

ubhanana

リンゴ

i-apula

オレンジ

i-olintshi

メロン

ikhabe

レモン

ulamula

ニンジン

ukherothi

ニンニク

ugaligi

竹

umhlanga

玉ねぎ

u-anyanisi

キノコ

ikhowe

ナッツ

amakinati

ヌードル

ama-noodle

スパゲッティ

isipagethi

米

iraysi

サラダ

isaladi

フライドポテト

ama-chips

フライドポテト

amazambane athosiwe

ピザ

i-pizza

ハンバーガー

ibhega

サンドウィッチ

isendiwichi

カツレツ

inyama engenathambo

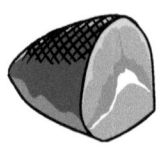

ハム

ham

サラミ

salami

ソーセージ

isoseji

鶏肉

inkukhu

焼き

yosiwe

魚

inhlanzi

麦のお粥

iphalishi le-oats

ムーズリ

i-muesli

コーンフレーク

ama-cornflakes

小麦粉

uflulawa

クロワッサン

i-croissant

ロールパン

isinkwa esiyiroli

パン

isinkwa

トースト

i-toast

ビスケット

amabhiskidi

バター

ibhotela

カッテージチーズ

i-curd

ケーキ

ikhekhe

卵

iqanda

目玉焼き

iqanda elithosiwe

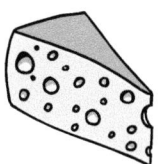

チーズ

ushizi

アイスクリーム

i-ice cream

砂糖

ushukela

はちみつ

uju

ジャム

ujamu

ヌガークリーム

ispredi sikashokholedi

カレー

isitshulu

農場

ifamu

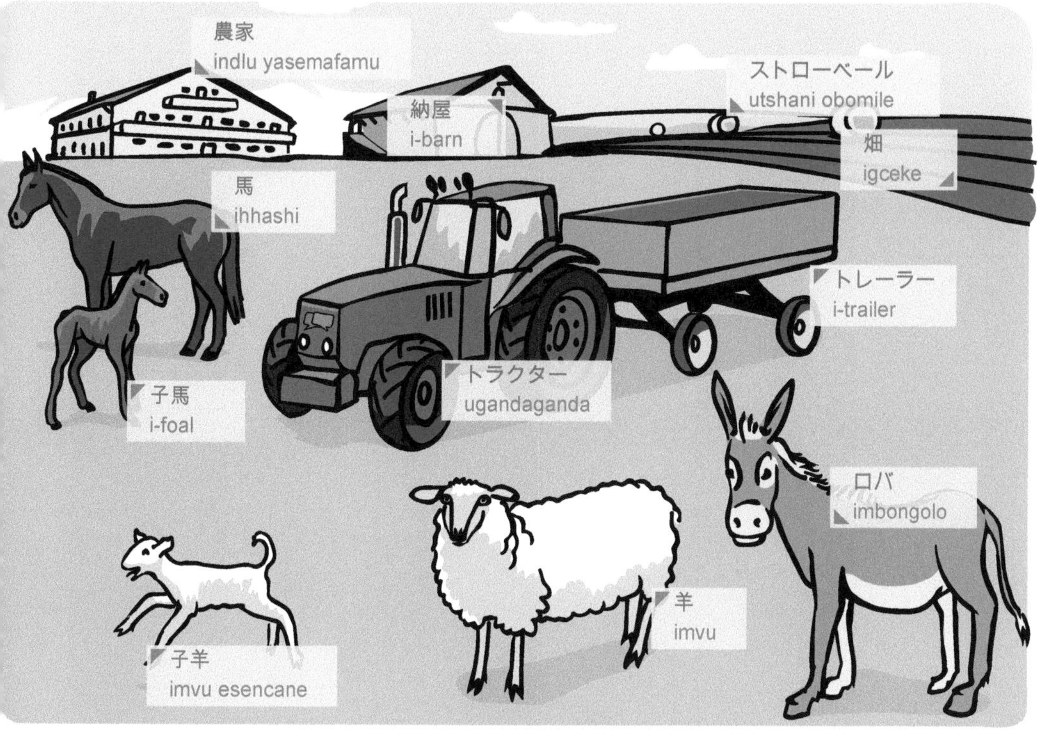

農家
indlu yasemafamu
納屋
i-barn
ストローベール
utshani obomile
畑
igceke
馬
ihhashi
トレーラー
i-trailer
トラクター
ugandaganda
子馬
i-foal
ロバ
imbongolo
羊
imvu
子羊
imvu esencane

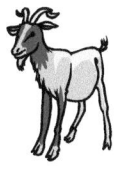

ヤギ

imbuzi

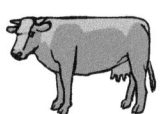

雌牛

inkomo

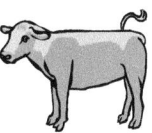

子牛

ithole

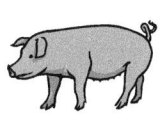

豚

ingulube

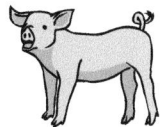

子豚

ingulube esencane

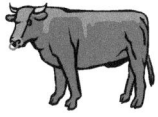

雄牛

inkunzi

ガチョウ

ihansi

アヒル

idada

ひよこ

ichwane

にわとり

isikhukhukazi

おんどり

iqhude

ネズミ

igundwane

猫

ikati

ねずみ

igundwane

雄牛

inkabi

犬

inja

犬小屋

indlu yenja

散水ホース

ipayipi lokunisela

じょうろ

ikani lokunisela

大鎌

ucelemba

すき

igeja

草刈り鎌

isikela

くわ

ukhuba

堆肥用フォーク

imfoloko

斧

imbazo

手押し車

ibhala

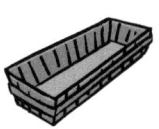

かいばおけ

umkhombe

牛乳缶

ubusi olusekanini

袋

isaka

フェンス

ifensi

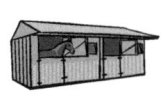

畜舎

esitebhilini

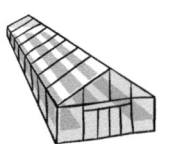

温室

i-greenhouse

土壌

inhlabathi

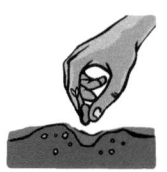

種

imbewu

肥料

umanyolo

コンバイン

ukuvuna okuhlanganisiwe

収穫する
vuna

収穫
isivuno

ヤマイモ
ama-yam

小麦
ukolweni

大豆
umbhontshisi

じゃがいも
amazambane

トウモロコシ
ummbila

菜種
i-rapeseed

果樹
isihlahla sezithelo

キャッサバ
umdumbula

穀物
amasiriyeli

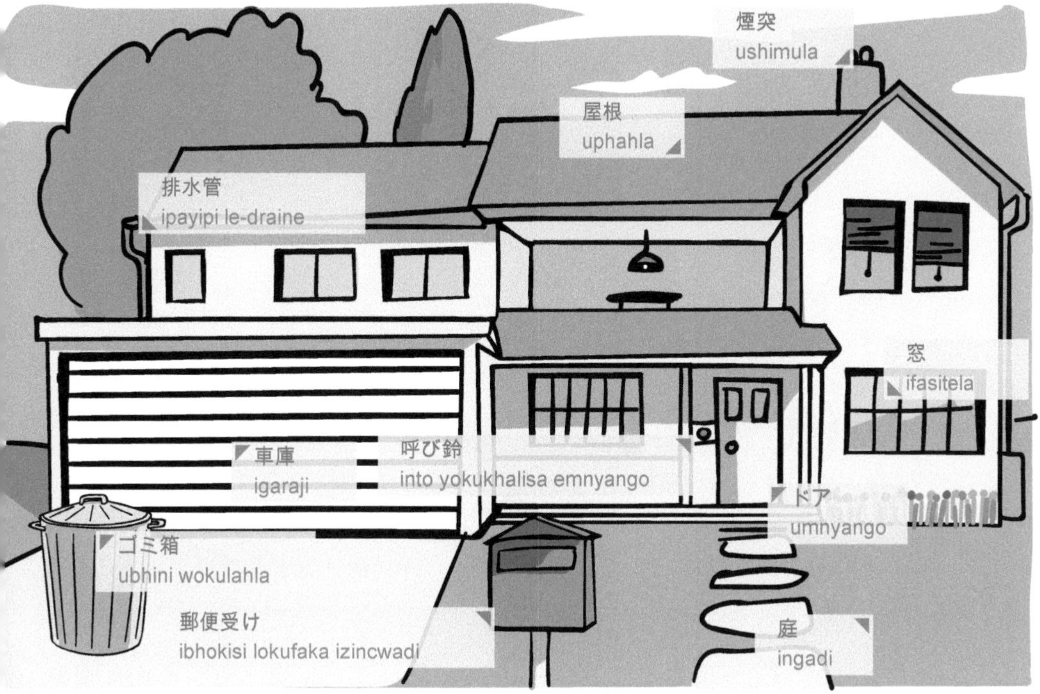

煙突
ushimula

屋根
uphahla

排水管
ipayipi le-draine

窓
ifasitela

車庫
igaraji

呼び鈴
into yokukhalisa emnyango

ドア
umnyango

ゴミ箱
ubhini wokulahla

郵便受け
ibhokisi lokufaka izincwadi

庭
ingadi

リビングルーム
igumbi lokuhlala

浴室
igumbi lokugeza

台所
ikhishi

寝室
igumbi lokulala

子供部屋
igumbi lezingane

ダイニング・ルーム
igumbi lokudlela

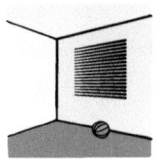

床

phansi

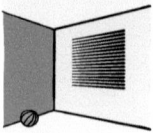

壁

udonga

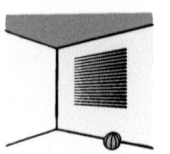

天井

usilingi

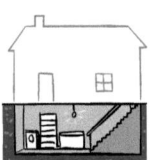

地下貯蔵庫

i-cella

サウナ

i-sauna

バルコニー

ibhalconi

テラス

i-terrace

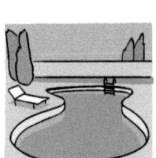

プール

iphuli

芝刈り機

umshin wokugunda utshani

シーツ

ishidi

ベッドカバー

ingubo yokulala

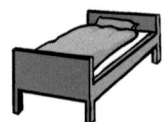

ベッド

umbhede

ほうき

umshanelo

バケツ

ibhakede

スイッチ

i-switch

リビングルーム
igumbi lokuhlala

壁紙
i-wallpaper
絵
isithombe
ランプ
ilambu
棚
ishalofu
食器棚
ibhodi lenkomishi
テレビ
umabonakude
暖炉
indawo yomlilo
花
imbali
クッション
ikhushini
ソファ
usofa
花瓶
ivasi
リモコン
i-remote control

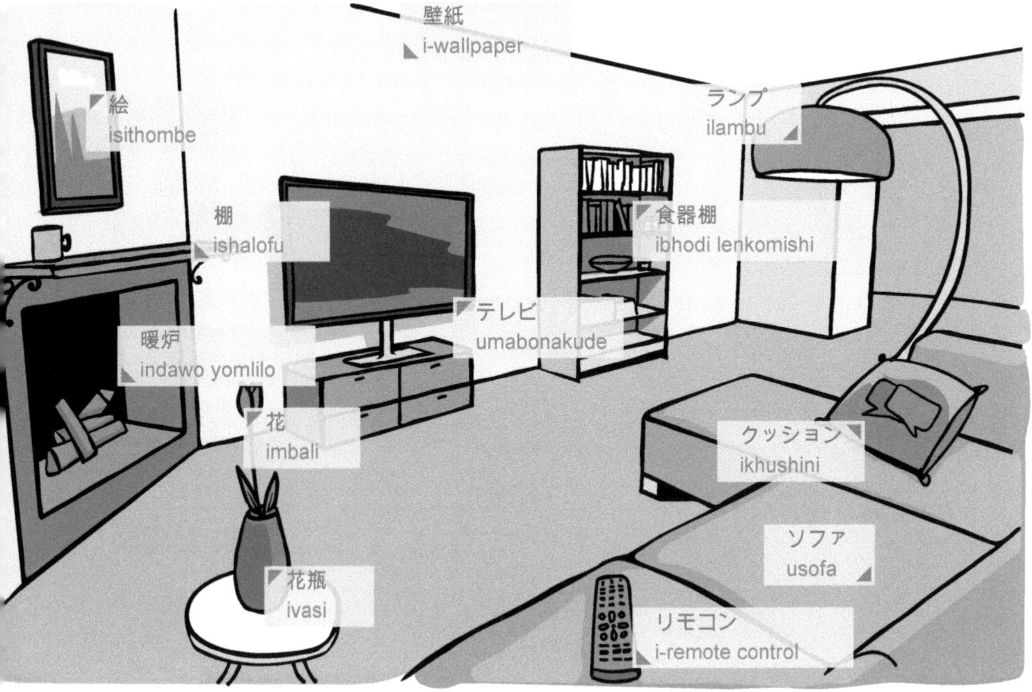

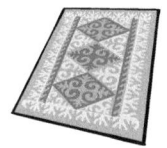

カーペット

ukhaphethe

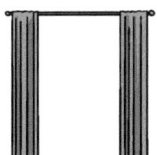

カーテン

ikhethini

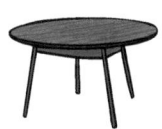

テーブル

itafula

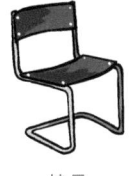

椅子

isihlalo

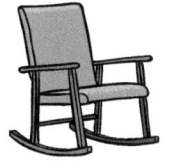

ロッキングチェア

isihlalo esinyakazayo

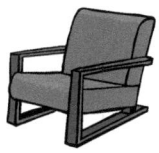

ひじ掛け椅子

isihlalo esingangengalo

本
incwadi

毛布
ingubo

飾り
ukuhlobisa

たきぎ
izinkuni zokubasa

映画
ifilimu

ステレオ
izinto ze-hi-fi

鍵
ukhiye

新聞
iphephandaba

絵画
ukupenda

ポスター
iphosta

ラジオ
umsakazo

メモ帳
i-notepad

掃除機
ihuva

サボテン
i-cactus

ろうそく
ikhandlela

台所
ikhishi

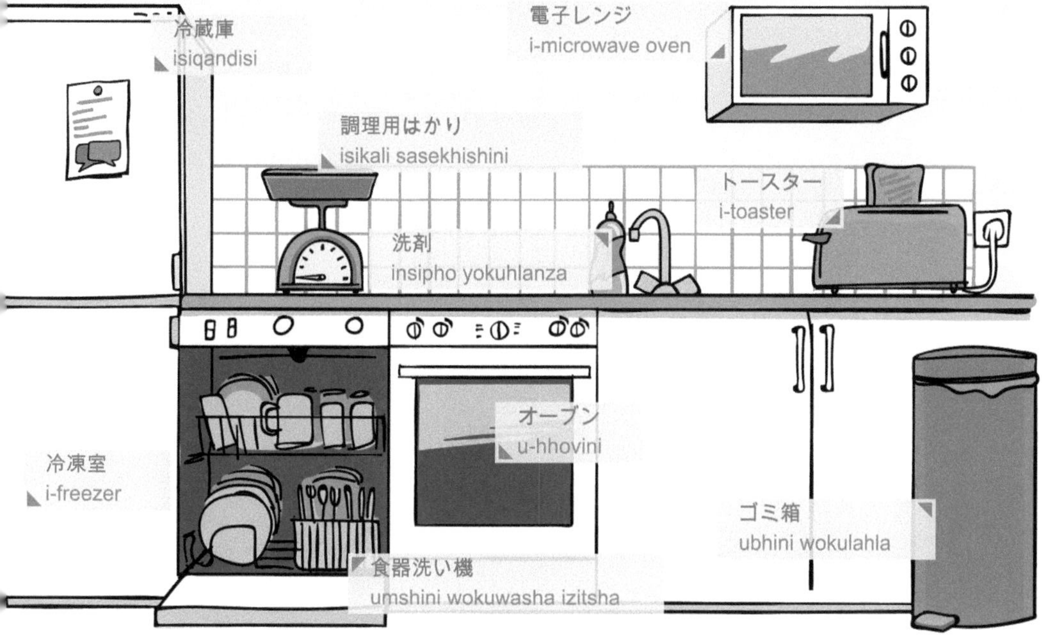

冷蔵庫
isiqandisi
電子レンジ
i-microwave oven
調理用はかり
isikali sasekhishini
トースター
i-toaster
洗剤
insipho yokuhlanza
オーブン
u-hhovini
冷凍室
i-freezer
ゴミ箱
ubhini wokulahla
食器洗い機
umshini wokuwasha izitsha

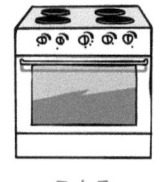

こんろ

umshini wokupheka

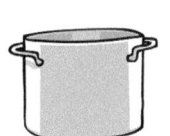

鍋

ibhodwe

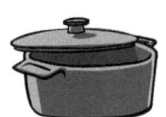

鉄鍋

ibhodwe le-cast iron

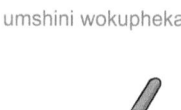

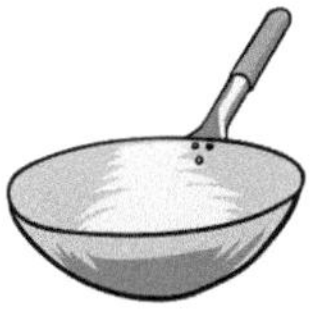

中華鍋/ カダイ鍋

i-wok / kadai

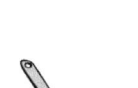

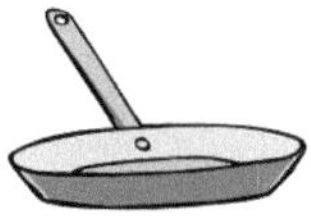

フライパン

ipani

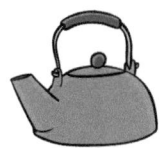

やかん

iketela

蒸し器

i-steamer

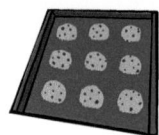

天板

ithreyi lokubhaka

食器

izitsha zokudla

マグカップ

imaki

ボウル

isitsha

箸

izinti zendwangu

おたま

isixembe sokuphaka

へら

ispathula

泡立て器

i-whisk

こし器

i-strainer

ふるい

isisefo

すりおろし器

igretha

すり鉢

isitsha sodaka

バーベキュー

i-barbecue

かまど

umlilo

まな板

ibhodi lokuqoba

麺棒

ipini lokurola

栓抜き

iskrew

缶

ikani

缶切り

into yokuvula ikani

鍋つかみ

indwangu yokubamba
ibhodwe

流し

usinki

ブラシ

i-brush

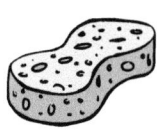

スポンジ

isiponji

ミキサー

ibhlenda

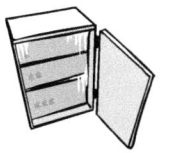

冷凍庫

i-deep freezer

哺乳瓶

ibhodlela lengane

蛇口

umpompi

浴室

igumbi lokugeza

ヒーター
isifudumezo
タオル
ithawula
シャワー
ishawa
シャワーカーテン
ikhethini leshawa
泡風呂
insipho yokugeza eyenza amagwebu
浴槽
ubhavu
グラス
igilasi
洗濯機
umshini wokuwasha
蛇口
umpompi
タイル
amathayizi
おまる
ithoyilethi lezingane
流し
usinki

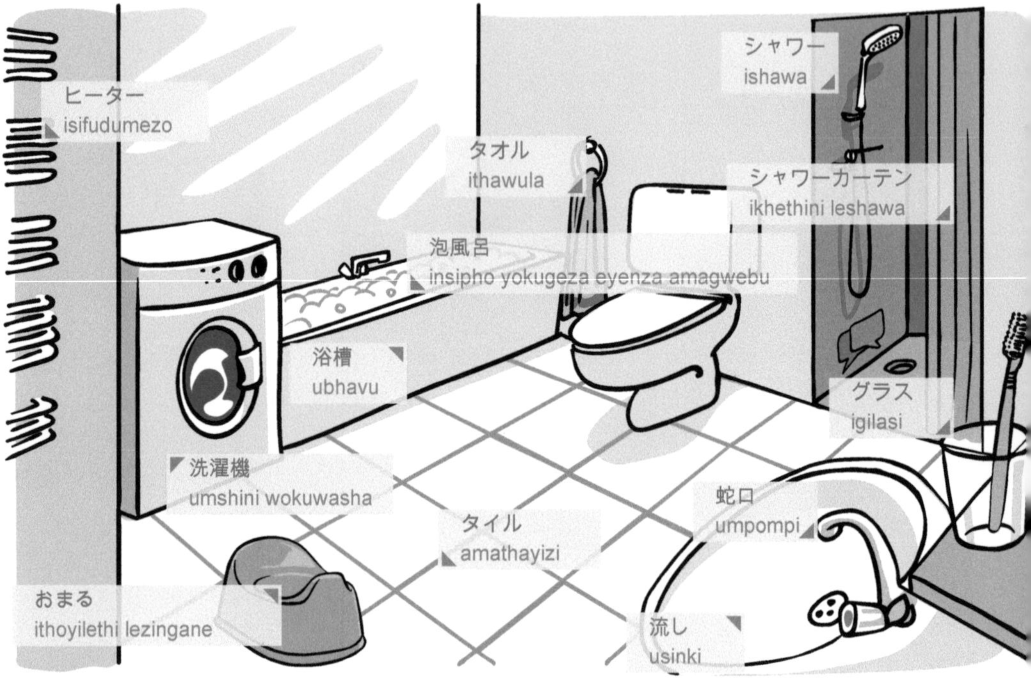

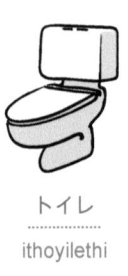

トイレ

ithoyilethi

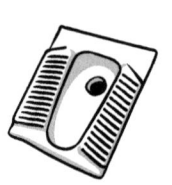

和式トイレ

ithoyilethi oqoshama kuyo

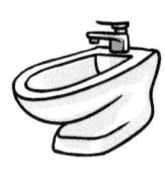

ビデ

ithoyilethi le-bidet

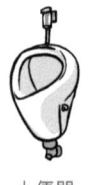

小便器

ithoyilethi lokuchama labesilisa

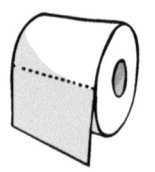

トイレットペーパー

iphepha lasethoyilethi

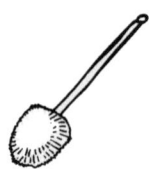

トイレブラシ

ibhrashi lasethoyilethi

歯ブラシ

ibhrashi lamazinyo

歯みがき

insipho yamazinyo

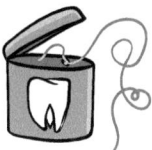

デンタルフロス

into yokuvungula

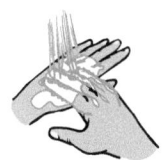

洗う

washa

シャワーヘッド

ishawa ebanjwa ngesandla

ハンドビデ

uchatho

洗面台

u-basini

ボディブラシ

ibrashi lomhlane

石鹸

insipho

シャワー用ジェル

ijeli yeshawa

シャンプー

ishampu

浴用タオル

ishethi lesikoshi

排水口

i-drain

クリーム

ukhilimu

消臭

into yokugcoba
amakhwapha

鏡

isibuko

手鏡

isibuko esiphathwa
ngesandla

かみそり

ireyza

シェービング・フォーム

igwebu lokushefa

アフターシェーブローショ
ン

umuthi ogcotshwa ngemva
kokushefa

櫛

ikama

ブラシ

ibhrashi

ドライヤー

into yokomisa izinwele

ヘアスプレー

ispreyi sezinwele

化粧

i-makeup

口紅

into yokugcoba umlomo

マニキュア

into yokususa upende
wezinzipho

脱脂綿

uwuli kakotini

爪切り

isikelo sezinzipho

香水

isigqolo

洗面用具入れ

isikhwama sezinto zokugeza

スツール

isitulo

体重計

isikali

バスローブ

ingubo yokugeza

ゴム手袋

amagilavu erabha

タンポン

ithemponi

生理用ナプキン

iphedi yasesikhathini

ケミカルトイレ

ithoyilethi lekhemikhali

子供部屋

igumbi lezingane

目覚まし時計
i-alamu yewashi elichonywayo
ぬいぐるみ
ithoyizi lokudlala
おもちゃの自動車
imoto eyithoyizi
がらがら
i-rattle
ドール・ハウス
indlu kanodoli
プレゼント
isiphongo

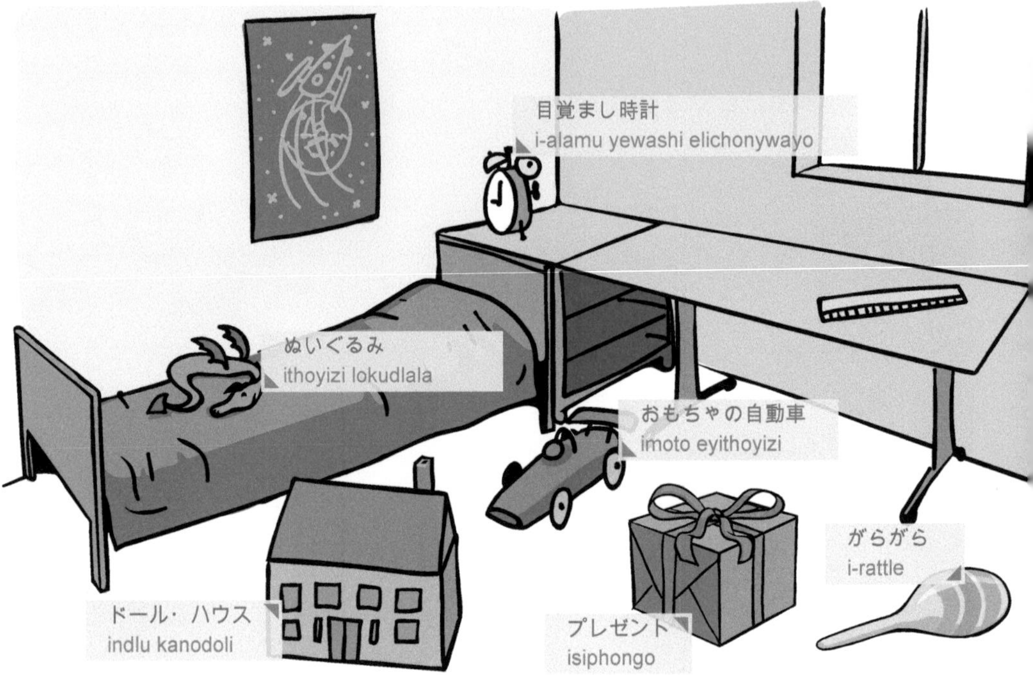

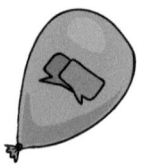

風船

ibhaluni

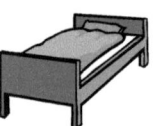

ベッド

umbhede

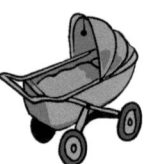

ベビーカー

iphremu

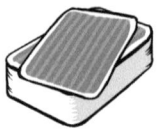

カードゲーム

amakhadi

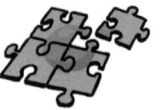

ジグソーパズル

i-jigsaw

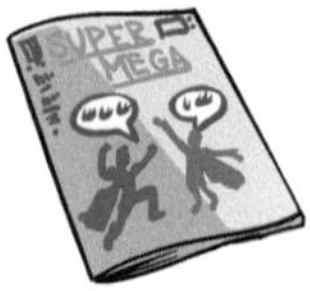

漫画

indaba edwetshiwe

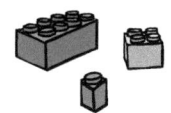

レゴ

amabrick elego

玩具ブロック

amabhuloksi okwakha

アクションフィギュア

unodoli weqhawe

ロンパース

izimpahla zezingane

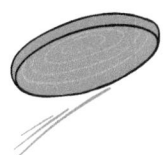

フリスビー

i-frisbee

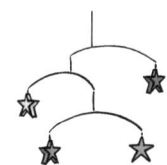

モバイル

amathoyizi ezingane
alengayo

ボードゲーム

ibhodi lokudlala igemu

さいころ

idayisi

鉄道模型

isethi yesitimela

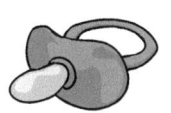

おしゃぶり

idemu

パーティー

iphathi

絵本

incwadi yezithombe

ボール

ibhola

人形

unodoli

遊ぶ

dlala

砂場

umgodi wenhlabathi

ブランコ

uzwinki

おもちゃ

amathoyizi

ゲーム機

umshini wamavidiyo geymu

三輪車

ibhayisikili elinemasondo
amathathu

テディベア

uthedibhe

衣装ダンス

u-wardrobe

衣服

izimpahla

靴下

amasokisi

ストッキング

amastokhingi

タイツ

amathayithi

スカーフ
isikhafu

ベルト
ibhande

雨傘
i-amburela

Tシャツ
ishethi

スニーカー
abaqeqeshi

ブーツ
amabhuthi

スリッパ
izicathulo zokulala

サンダル
amasandali

靴
izicathulo

ゴム長靴
amabhuthi erabha

パンツ
iphenti

ブラ
u-bra

ベスト
ivesti

衣服 - izimpahla

ボディースーツ

umzimba

ズボン

amabhulukwe

ジーンズ

amajini

スカート

isiketi

ブラウス

isikibha

シャツ

ishethi

セーター

ijezi elinezigqoko

パーカー

i-hoodie

ブレザー

ibhuleyiza

ジャケット

ijakhethi

コート

ijazi

レインコート

i-raincoat

服装

ikhosyumu

ドレス

ingubo

ウェディングドレス

ingubo yomshado

スーツ

isudu

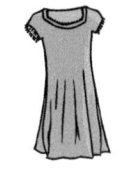

ナイトガウン

ingubo yokulala

パジャマ

amaphijama

サリー

ingubo yesari

ヘッドスカーフ

isikhafu

ターバン

isigqoko se-turban

ブルカ

ibhukha

カフタン

ingubo yekaftani

アバヤ

abaya

水着

impahla yokubhukuda

トランクス

amathranki

半ズボン

isikhindi

スウェットスーツ

i-tracksuit

エプロン

ingubo yokupheka

手袋

amagilavu

ボタン

ibhathini

メガネ

izibuko

ブレスレット

ibhengela

ネックレス

umgexo

指輪

indandatho

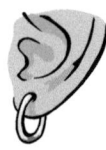

イヤリング

amacici

帽子

ikepisi

ハンガー

into yokuhenga ijazi

帽子

isigqoko

ネクタイ

uthayi

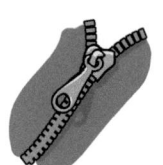

ファスナー

uziphu

ヘルメット

ihelmethi

サスペンダー

ama-braces

制服

iyunifomu yesikole

ユニフォーム

iyunifomu

よだれかけ

ibhayi lengane

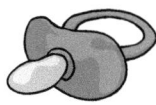

おしゃぶり

idemu

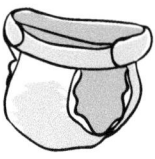

おむつ

inabukeni

オフィス
i-ofisi

サーバ
iseva

書類キャビネット
ikhabethe lamafayela

プリンター
umshin wokuphrinta

モニター
imonitha

紙
iphepha

事務机
ideski

マウス
imawusi

フォルダー
ifolda

キーボード
ikhibhodi

ごみ箱
phaskidi yokulahla amaphepha

コンピューター
ikhompyutha

椅子
isihlalo

コーヒーマグ

imagi yekhofi

計算機

ikhalkhuletha

インターネット

i-inthanethi

ラップトップ

ilephuthophu

手紙

incwadi

メッセージ

umyalezo

携帯電話

ifoni

ネットワーク

inethiwekhi

コピー機

ifothokhophi

ソフトウェア

i-software

電話

ucingo

コンセント

indawo yokupulaka

ファックス

umshini wokufeksa

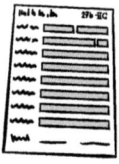

フォーム

ifomu

書類

idokhumenti

買う

thenga

支払う

khokha

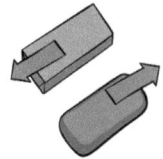

取引する

shintshana

お金

imali

ドル

idola

ユーロ

i-euro

円

iyen

ルーブル

i-rouble

スイスフラン

iSwiss franc

人民元

i-renminbi yuan

ルピー

i-rupee

キャッシュポイント

umshini wokukhipha imali

両替所

i-bureau de change

金

igolide

銀

isiliva

油

amafutha

エネルギー

amandla

価格

inani lemali

契約

ukuxhumana

税金

intela

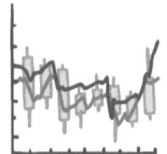

株

isitokwe

働く

sebenza

従業員

isisebenzi

雇用主

umqashi

工場

ifekthri

ショップ

esitolo

職業
imisebenzi

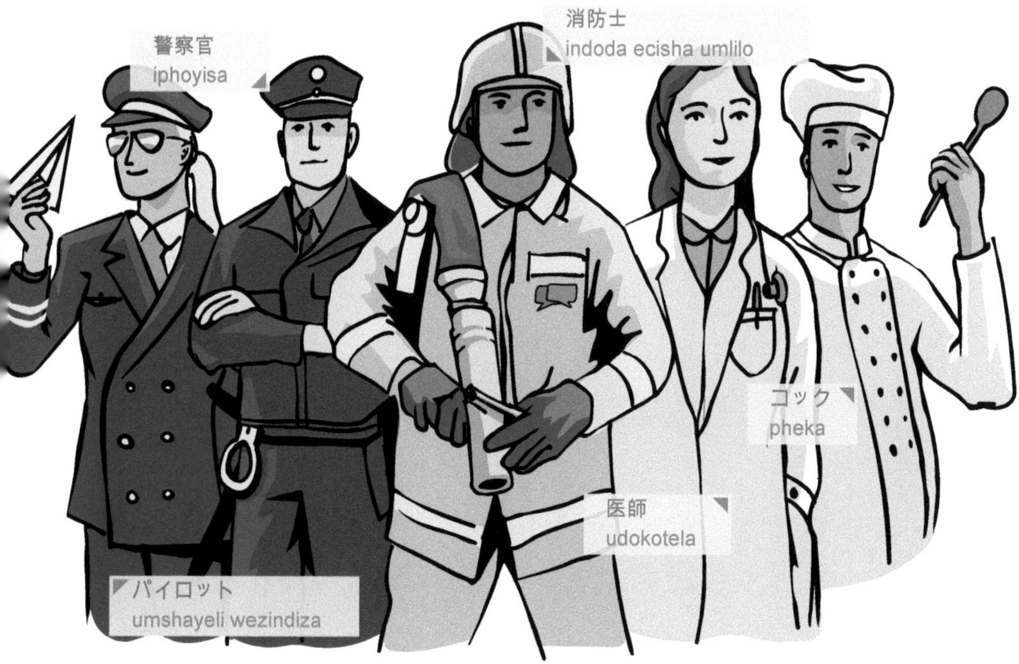

警察官
iphoyisa
消防士
indoda ecisha umlilo
コック
pheka
医師
udokotela
パイロット
umshayeli wezindiza

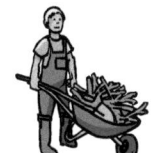

庭師
umuntu onakekela ingadi

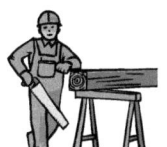

大工
umbazi

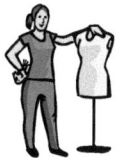

お針子
umthungi

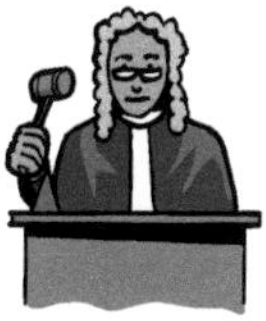

裁判官
ijaji

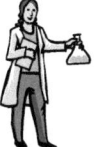

化学者
umuntu osebenza ekhemisi

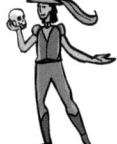

俳優
umlingisi

バスの運転手

umshayeli webhasi

タクシー運転手

umshayeli wetekisi

漁師

indoda edoba izinhlanzi

掃除婦

owesifazane ohlanzayo

屋根ふき職人

umuntu olungisa uphahla

ウェイター

uweyita

ハンター

umzingeli

塗装工

umuntu opendayo

パン屋

umbhaki

電気工

umuntu osebenza ngogesi

建設作業員

umakhi

エンジニア

unjiniyela

肉屋

indawo edayisa inyama

配管工

umuntu osebenza
ngamapayipi

郵便配達人

indoda yaseposini

軍人

isosha

建築家

umdwebi wezakhiwo

レジ係

umbali wemali

花屋

umuntu otshala izimbali

美容師

umuntu owenza izinwele

車掌

umqondisi wasesitimeleni

機械工

umakhenikha

キャプテン

ukaputeni

歯科医

udokotela wamazinyo

科学者

usosayensi

ラビ

urabi

イスラム導師

imam

修道士

indela

牧師

umfundisi

道具

amathuluzi

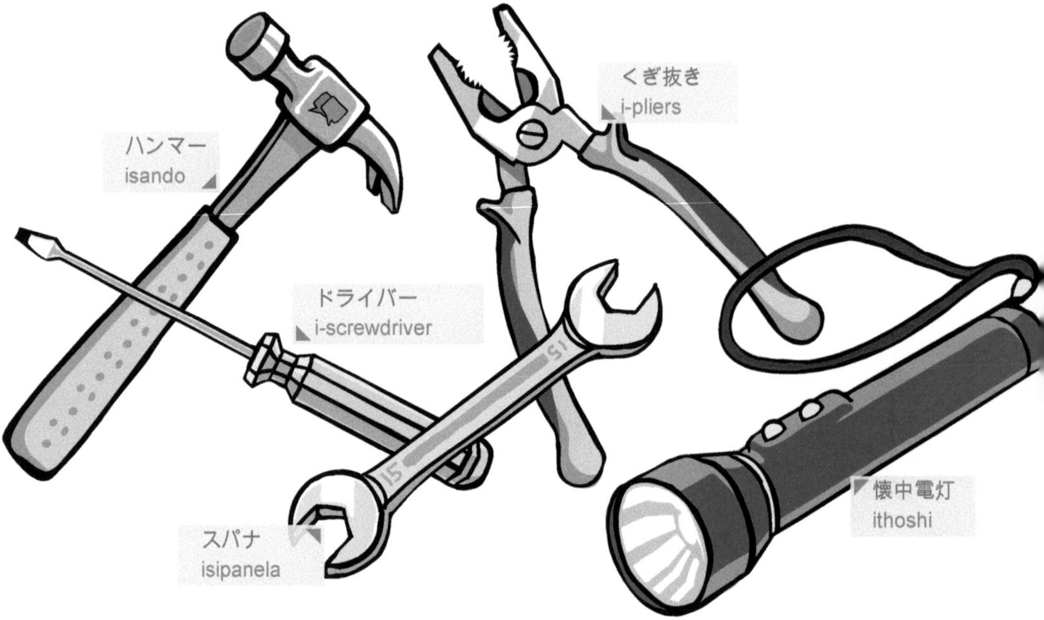

くぎ抜き
i-pliers
ハンマー
isando
ドライバー
i-screwdriver
懐中電灯
ithoshi
スパナ
isipanela

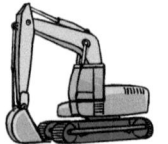

掘削機

umshini wokumba

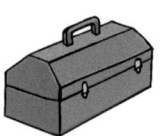

道具箱

ibhokisi lamathuluzi

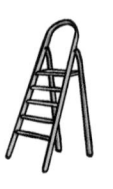

はしご

isitebhisi

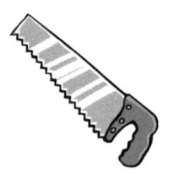

のこぎり

isaha

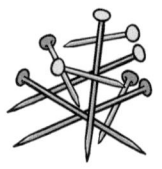

釘

izinzipho

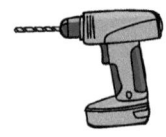

ドリル

i-drill

修理する
lungisa

シャベル
ifosholo

クソ！
Damethi!

ちりとり
idastipheni

ペンキ缶
ithini likapende

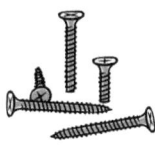

ネジ
i-screws

楽器

izinsimbi zomculo

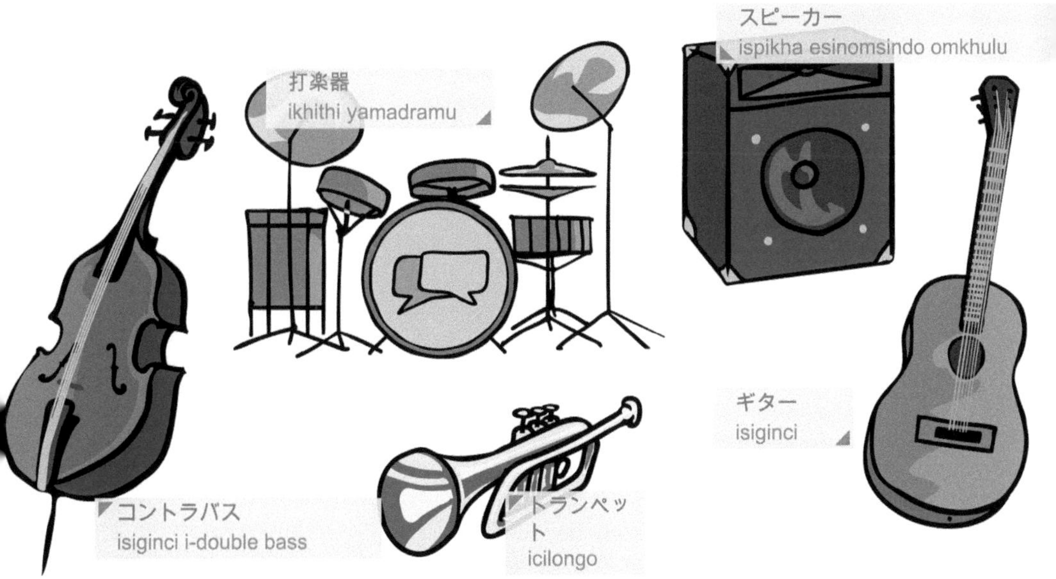

スピーカー
ispikha esinomsindo omkhulu

打楽器
ikhithi yamadramu

ギター
isiginci

コントラバス
isiginci i-double bass

トランペット
icilongo

ピアノ

ipiyano

バイオリン

ivayolini

バス

i-bass

ティンパニ

ithimpani

ドラム

amadramu

キーボード

i-keyboard

サックス

i-saxophone

フルート

umtshingo

マイクロフォン

imakhrofoni

動物園

esiqiwini

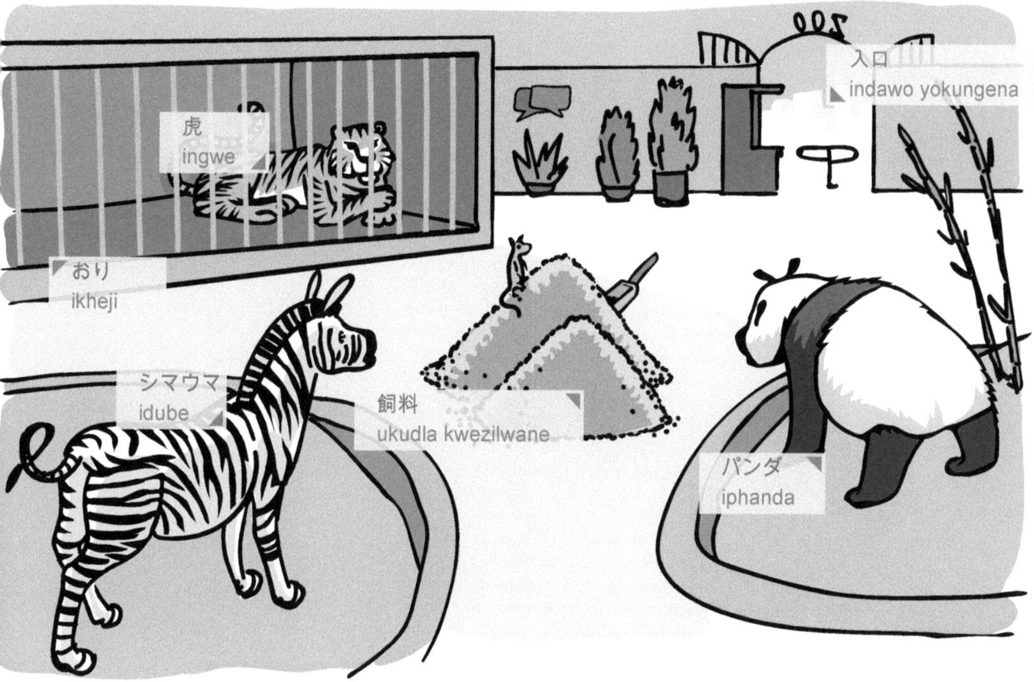

入口
indawo yokungena
虎
ingwe
おり
ikheji
シマウマ
idube
飼料
ukudla kwezilwane
パンダ
iphanda

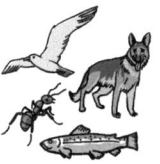

動物

izilwane

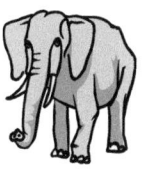

象

indlovu

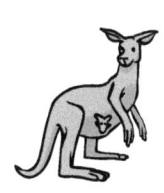

カンガルー

ikhangaru

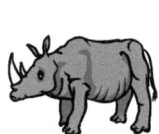

サイ

ubhejane

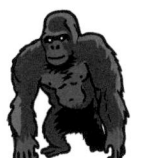

ゴリラ

igorila

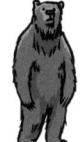

熊

ibhele

ラクダ

ikamela

ダチョウ

intshe

ライオン

ingonyama

猿

inkawu

フラミンゴ

i-flamingo

オウム

upholi

白クマ

ibhele laseqhweni

ペンギン

iphenguwini

サメ

ushaka

クジャク

ipigogo

蛇

inyoka

ワニ

ingwenya

飼育係

umgcini wezilwane

アザラシ

isilwane saseqhweni

ジャガー

ijaguwa

ポニー

iponi

ヒョウ

ingwe

カバ

imvubu

キリン

indlulamithi

鷲

ukhozi

雄豚

intibane

魚

inhlanzi

亀

ufudu

セイウチ

i-walrus

狐

ujakalase

ガゼル

inyamazane igazele

アメフト
ibhola lezinyawo laseMelika

サイクリング
umdlali webhayisikili

テニス
ithenisi

バスケットボール
ibhola lomnqankiswano

水泳
ukubhukuda

ボクシング
isibhakela

アイスホッケー
i-ice hockey

サッカー
ibhola lezinyawo

バドミントン
i-badminton

陸上競技
abasubathi

ハンドボール
ibhola lezandla

スキー
ukushushuluza

ポロ
ipolo

跳ぶ
gxuma

笑う
hleka

抱きしめる
haga

歩く
hamba

歌う
cula

夢見る
phupha

祈る
thandaza

キス
cabuza

書く
bhala

描く
dweba

示す
bonisa

押す
phusha

与える
nikeza

取る
thatha

持っている
yiba

する
yenza

ある
yiba

立つ
sukuma

走る
gijima

引く
donsa

投げる
phonsa

落ちる
yiwa

横たわっている
amanga

待つ
linda

運ぶ
thwala

座る
hlala

着る
gqoka

眠る
lala

目が覚める
vuka

見る

bukela

泣く

khala

なでる

qhweba

櫛ですく

kama

話す

khuluma

理解する

qonda

質問する

buza

聞く

lalela

飲む

phuza

食べる

idla

片づける

coca

愛する

thanda

料理する

pheka

運転する

shayela

飛ぶ

ndiza

ヨットに乗る

hamba ngomkhumbi

計算する

bala

読む

funda

学ぶ

funda

働く

sebenza

結婚する

shada

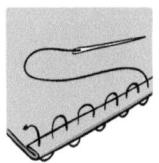

縫う

thunga

歯を磨く

geza amazinyo

殺す

bulala

喫煙する

bhema

送る

thumela

家族
umndeni

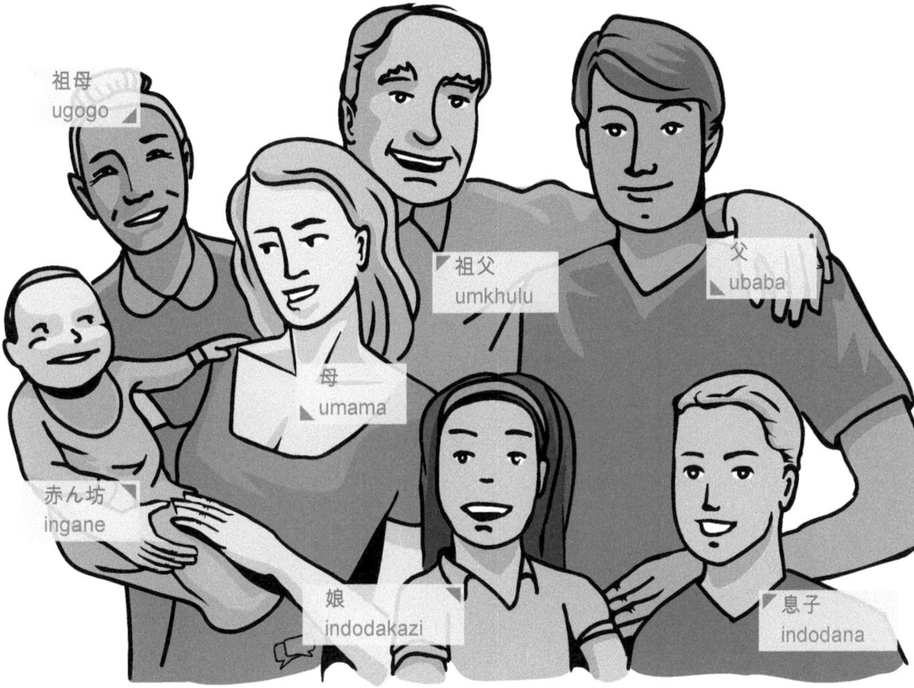

祖母
ugogo
祖父
umkhulu
父
ubaba
母
umama
赤ん坊
ingane
娘
indodakazi
息子
indodana

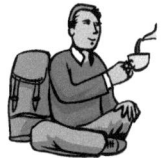

お客様

isivakashi

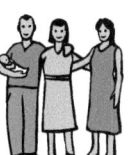

おば

u-anti

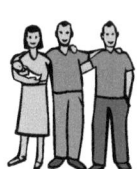

おじ

umalume

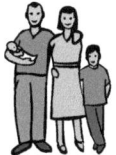

兄弟

umfowethu

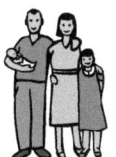

姉妹

udadewethu

体

umzimba

ひたい
isiphongo
目
amehlo
肩
ihlombe
指
umunwe
顔
ubuso
あご
isilevu
手
isandla
脚
umlenze
胸
amabele
腕
ingalo

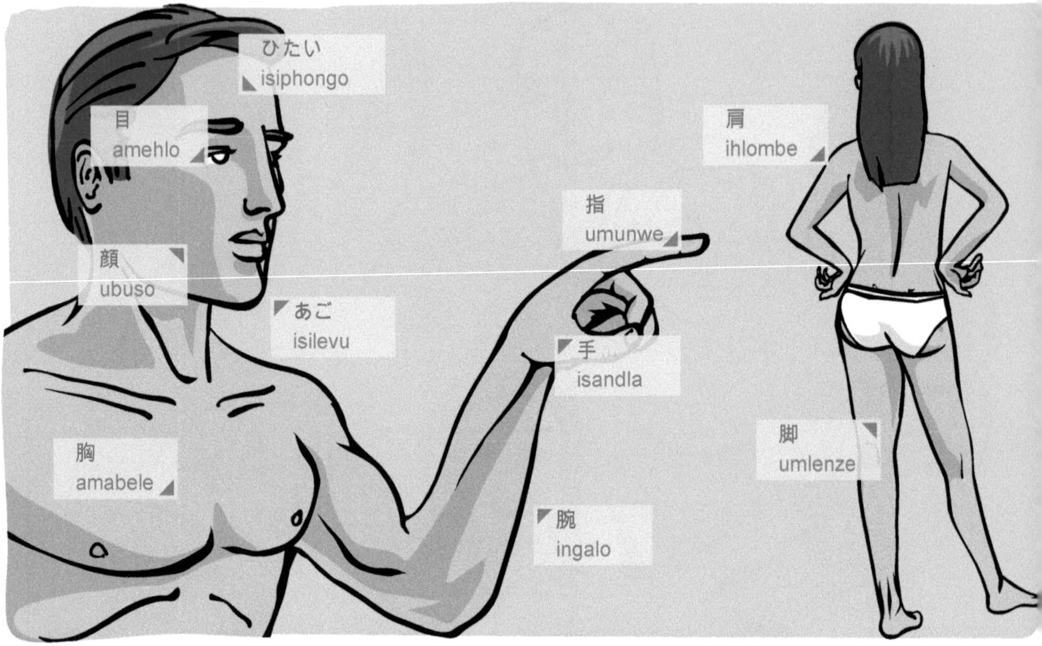

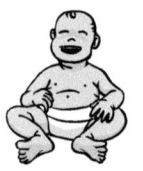

赤ん坊

ingane

男性

indoda

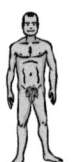

女性

owesifazane

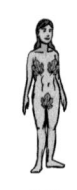

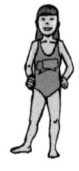

少女

intombazane

少年

umfana

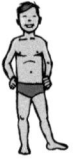

頭

ikhanda

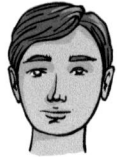

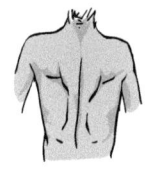

背中

umhlane

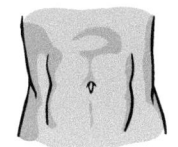

腹

isisu

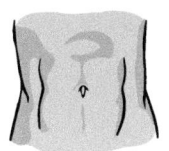

へそ

inkaba

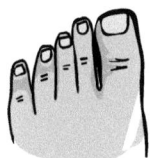

足指

izinzwane

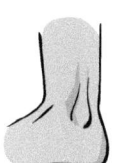

かかと

isithende

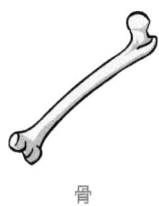

骨

ithambo

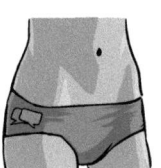

腰

inqulu

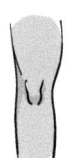

ひざ

idolo

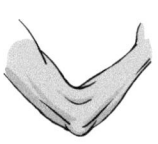

ひじ

indololwane

鼻

ikhala

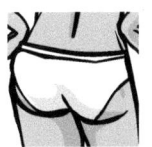

尻

ingenzansi

皮膚

isikhumba

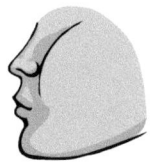

頬

iziqhomo

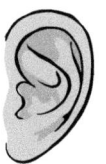

耳

indlebe

唇

udebe

口

umlomo

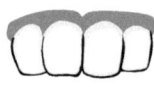

歯

amazinyo

舌

ulimu

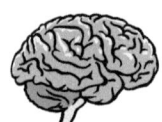

脳

ingqondo

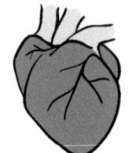

心臓

inhliziyo

筋肉

imasela

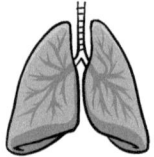

肺

uphaphe

肝臓

isibindi

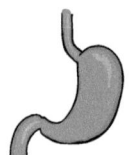

胃

isisu

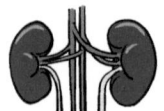

腎臓

izinso

セックス

ucansi

コンドーム

ikhondomu

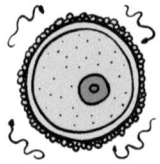

卵細胞

iqanda

精液

isidoda

妊娠

ukukhulelwa

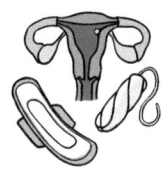

月経

ukuya esikhathini

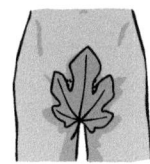

膣

imomozi

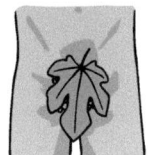

ペニス

umthondo

眉

ishiya

髪

izinwele

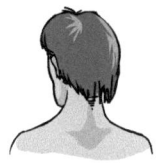

首

intamo

体 - umzimba

病院

isibhedlela

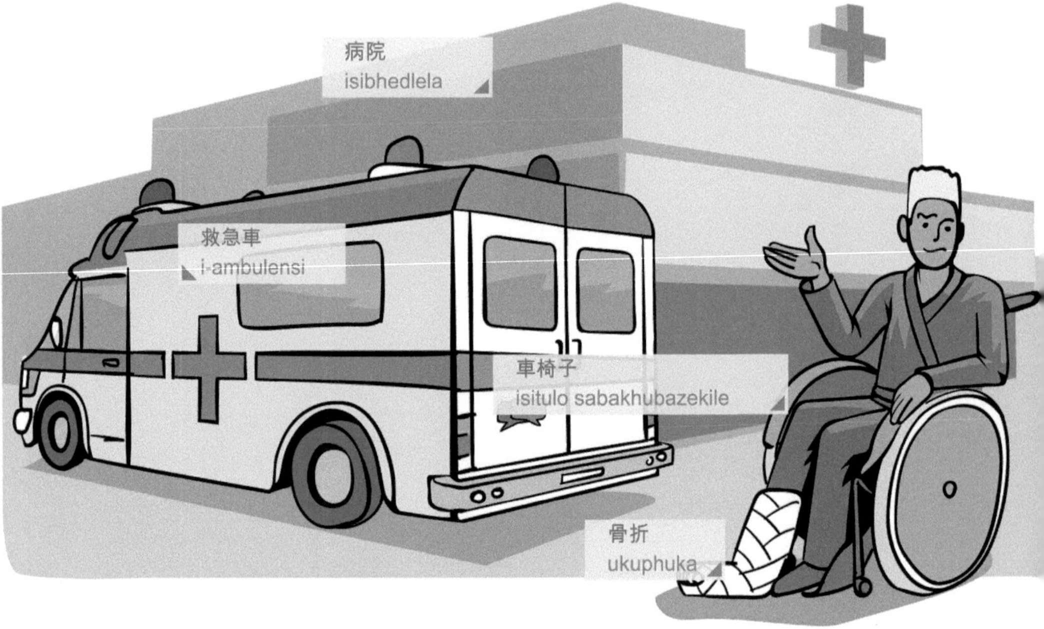

病院
isibhedlela
救急車
i-ambulensi
車椅子
isitulo sabakhubazekile
骨折
ukuphuka

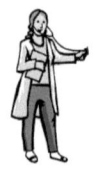

医師

udokotela

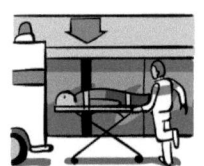

救急治療室

igumbi leziguli ezidinga ukwelashwa okuphuthumayo

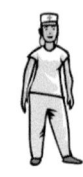

看護師

umhlengikazi

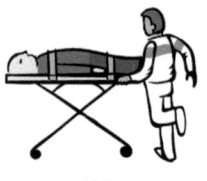

救急

izimo eziphuthumayo

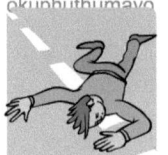

失神

ukuquleka

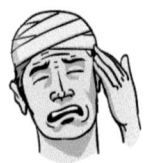

痛み

ubuhlungu

けが

ukulimala

出血

ukopha

心臓発作

isifo senhliziyo

脳卒中

ukushaywa unhlangothi

アレルギー

ukungazwani komzimba
nezinto ezithile

咳

ukukhwehlela

熱

imfiva

インフルエンザ

umkhuhlane

下痢

ukuhuda

頭痛

ukuphathwa ikhanda

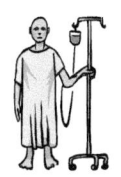

癌

umdlavuza

糖尿病

isifo sikashukela

外科医

udokotela ohlinzayo

外科用メス

isikalpheli

手術

ukuhlinzwa

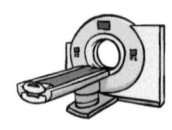

CT

CT

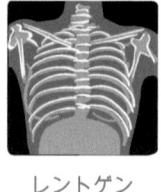

レントゲン

i-x-ray

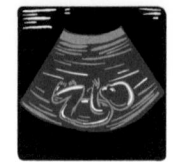

超音波

i-ultrasound

マスク

imaskhi yasebusweni

病気

isifo

待合室

igumbi lokulinda

松葉づえ

izinduko zokuhamba

ばんそうこう

iplasta

包帯

ibhandishi

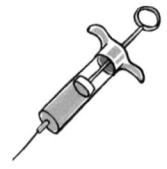

注射

umjovo

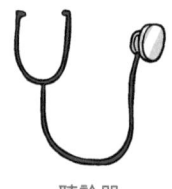

聴診器

izipopolo zikadokotela

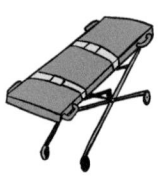

担架

i-stretcher

体温計

umshini okala izinga
lokushisa

出産

ukubeletha

肥満

ukukhuluphala ngokweqile

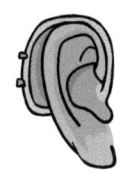

補聴器

insizwa yokuzwa

消毒剤

ukungatheleleki

感染

ukutheleleka

ウイルス

ivariyasi

HIV / エイズ

HIV / AIDS

内服薬

umuthi

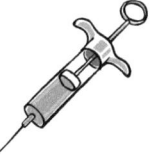

予防接種

umgomo

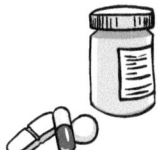

錠剤

amaphilisi

ピル

amaphilisi

緊急電話

ucingo oluphuthumayo

血圧計

umshini okala umfutho
wegazi

病気の ／ 健康な

ukugula / ukuba umqemane

助けて！

Sizani!

アラーム

i-alamu

暴行

ukuhlasela

攻撃

ukuhlasela

危険

ingozi

非常口

indawo yokubalekela
ngaphansi kwezimo
eziphuthumayo

火事だ！

Umlimo!

消火器

isicimamlilo

事故

ingozi

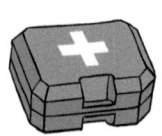

救急箱

ikhithi yosizo lokuqala

SOS

SOS

警察

amaphoyisa

ヨーロッパ

Europe

北米

North America

南米

South America

アフリカ

Africa

アジア

Asia

オーストラリア

Australia

大西洋

Atlantic

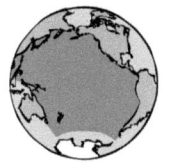

太平洋

Pacific

インド洋

Indian Ocean

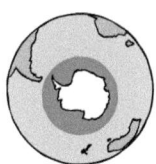

南極海

Antarctic Ocean

北極海

Arctic Ocean

北極

North Pole

南極
South Pole

南極大陸
Antarctica

地球
Umhlaba

陸
umhlaba

海
izilwandle

島
isiqhingi

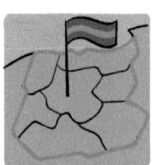

国家
izwe

国家
inhlangano engokomthetho

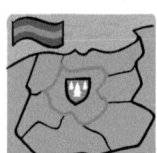

文字盤

ubuso bewashi

短針

isandla sehora

長針

isandla semizuzu

秒針

isandla sesibili

何時ですか？

Ubani isikhathi?

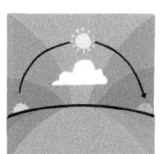

日

usuku

時間

isikhathi

現在

manje

デジタル時計

iwashi lezibalo

分

umzuzu

時間

ihora

iviki

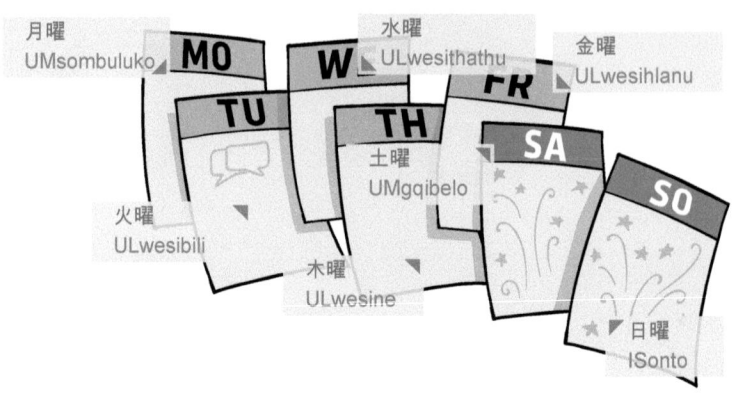

月曜
UMsombuluko

火曜
ULwesibili

水曜
ULwesithathu

木曜
ULwesine

金曜
ULwesihlanu

土曜
UMgqibelo

日曜
ISonto

昨日
izolo

今日
namhlanje

明日
kusasa

朝
ekuseni

昼
emini

夜
ntambama

営業日
izinsuku zeviki

週末
impelasonto

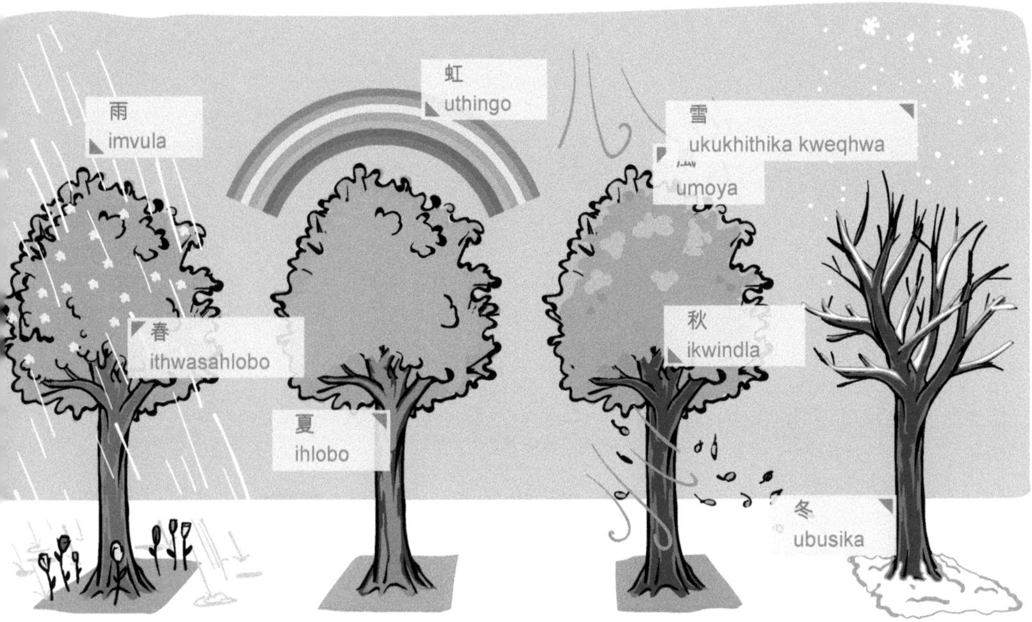

虹
uthingo
雨
imvula
雪
ukukhithika kweqhwa
umoya
春
ithwasahlobo
秋
ikwindla
夏
ihlobo
冬
ubusika

4.APRIL 11°
5.APRIL 4°
6.APRIL 13°
7.APRIL 8°
8.APRIL 10°

天気予報

isimo sezulu

F C
120 40
90 30
60 20
30 10
0 0
-30 -10
-20

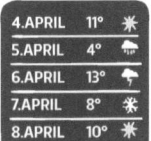

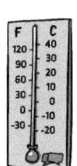

温度計

umshini wezinga lokushisa

日差し

ukushisa kwelanga

雲

amafu

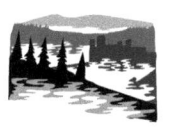

霧

inkungu

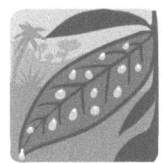

湿度

umswakama

雷
ummbani

雷
ukuduma kwezulu

嵐
isiphepho

ひょう
isichotho

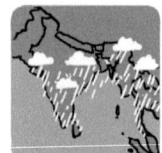

季節風
imvula enkulu

洪水
izikhukhula

氷
iqhwa

1月
UMasingana

2月
UNhlolanja

3月
UNdasa

4月
UMbasa

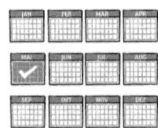

5月
UNhlaba

6月
UNhlangulana

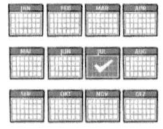

7月
UNtulikazi

8月
UNcwaba

年 - unyaka

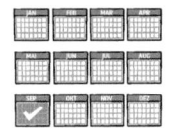

9月
....
UMandulo

10月
....
UMfumfu

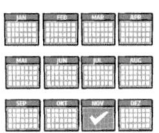

11月
....
ULwezi

12月
....
UZibandlela

形

amasheyphu

円
....
indilinga

正方形
....
isikwele

長方形
....
unxande

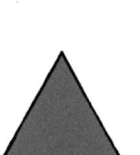

三角
....
unxantathu

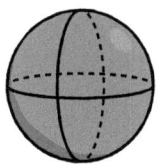

球
....
i-sphere

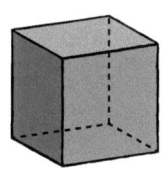

立方体
....
i-cube

imibala

白
kumhlophe

黄
kuphuzi

オレンジ
ku-olenji

ピンク
kuphinki

赤
kumbomvu

紫
kuphephuli

青
kuluhlaza
okwesibhakabhaka

緑
kuluhlaza

茶
kubhrawuni

灰色
kuphashile

黒
kumnyama

多い ／ 少ない

kakhulu / kancane

怒っている /
落ち着いている

ukucasuka / ubumnene

美しい ／ 醜い

ubuhle / ububi

初め ／ 終わり

isiqalo / isiphetho

大きい ／ 小さい

kukhulu / kuncane

明るい ／ 暗い

kuyakhanya / kumnyama

兄弟 ／ 姉妹

umfowethu / udadewethu

清潔な / 汚い

ukuhlanzeka / ukungcola

完全な ／ 不完全な

ukuphelela / ukungapheleli

日中 ／ 夜

imini / ubusuku

死んだ ／ 生きている

ukufa / ukuphila

幅広い ／ 狭い

ukuvuleka / ukunyinyeka

食べられる　/
食べられない
okudliwayo / okungadliwa

悪意のある　/　親切な
ukukhohlakala / umusa

興奮している　/
退屈している
ukujabula / isithukuthezi

太った　/　痩せた
ukunona / ukuzaca

最初に　/　最後に
ukuqala / ukugcina

友人　/　敵
umngane / isitha

いっぱいの　/　空の
ukugcwala / ukuphela

硬い　/　柔らかい
ubunzima / ukuthamba

重い　/　軽い
ukusinda / ukubalula

空腹　/　喉の渇き
ukulamba / ukoma

病気の　/　健康な
ukugula / ukuba umqemane

違法な　/　合法な
ngokomthetho / okungekho
emthethweni

賢い　/　愚かな
ukuhlakanipha /
isiphukuphuku

左に　/　右に
isinxele / esokudla

近い　/　遠い
eduze / kude

新しい ／ 中古の

kusha / sekusebenzile

何もない ／ 何かある

utho / okuthile

老いた ／ 若い

okudala / okusha

オン ／ オフ

vuliwe / kucishiwe

開いている ／
閉まっている

vula / vala

静かな ／ うるさい

kuthulekile / kunomsindo

裕福な ／ 貧乏な

ukuceba / ubumpofu

正しい ／間違っている

kulungile / akulungile

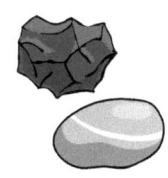

粗い ／ なめらか

kugadlazekile / kuyashelela

悲しい ／ 幸せな

dabuka / jabula

短い ／ 長い

kufishane / kude

ゆっくり ／ 速い

kuyanensa / kuyashesha

濡れた ／ 乾いた

ukuba manzi / ukoma

温かい ／ 冷たい

ukufudumala / ukuphola

戦争 ／ 平和

ukulwa / ukuthula

数

izinombolo

0

ゼロ

uziro

1

1

kunye

2

2

kubili

3

3

kuthathu

4

4

kune

5

5

kuhlanu

6

6

isithupha

7

7

isikhombisa

8

8

isishiyagalombili

9

9

isishiyagalolunye

10

10

ishumi

11

11

ishumi nanye

12
12
ishumi nambili

13
13
ishumi nantathu

14
14
ishumi nane

15
15
ishumi nanhlanu

16
16
ishumi nesithupha

17
17
ishumi nesikhombisa

18
18
ishumi nesishiyagalombili

19
19
ishumi nesishiyagalolunye

20
20
amashumi amabili

100
100
ikhulu

1.000
1000
inkulungwane

1.000.000
100万
izigidi

英語

isiNgisi

アメリカ英語

isiNgisi saseMelika

中国標準語

isiMandarin saseShayina

ヒンディー語

isiHindi

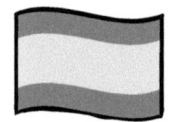

スペイン語

iSpanishi

フランス語

isiFulentshi

アラビア語

isi-Arabhu

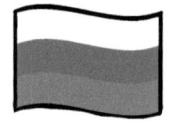

ロシア語

isiRashiya

ポルトガル語

isiPutukezi

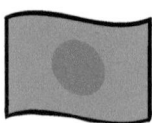

ベンガル語

isiBengali

ドイツ語

isiJalimane

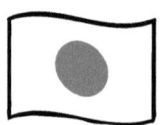

日本語

isiJapane

私

Mina

あなた

wena

彼 / 彼女 / それ

u / u / ku

私たち

thina

あなたたち

nina

彼ら

bona

誰？

ubani?

何？

ini?

どうやって？

kanjani?

どこ？

kuphi?

いつ？

nini?

名前

igama

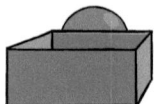

後ろ

ngemuva

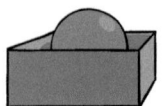

中

ngaphakathi

前

phambi kwe

上

phezulu

上

ngaphezulu

下

ngaphansi

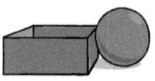

横

eceleni

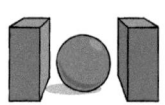

間

phakathi

場所

indawo